Arte poética de Horacio o Epístola a los Pisones

Horacio

Traducción de Fernando Lozano, 1777

Fecha de publicación original: 15 a. C.

Traducido por Fernando Lozano en 1777.

Fuente del texto digitalizado: Google Books

En esta edición se han mantenido algunas convenciones ortográficas del original.

© de esta edición: Ediciones EK (www.edicionesek.com), 2014.

ISBN-13: 978-1482705515
ISBN: 1482705516

¿Si un Pintor quiere juntar
A una mugeril cabeza
Una cerviz de caballo,
Y poner plumas diversas,
Y entretexerlas de modo,
Que siguiendo aquella idea,
Reunidos de todas partes
Los miembros de varias bestias,
Esta muger peregrina,
Y de una cara mui bella
En negro pez rematase
Con deformidad horrenda,
Convocados à mirar
Una figura tan fea,
Podreis vosotros, Amigos,
Contener la risa al vèrla?
Creed, Pisones, que el libro,
En que ficciones se encuentran,
Y especies vanas se fingen,
A esta tabla se asemeja,
Como los sueños de enfermos,
De manera, que no llegan
A reducirse à una forma

Ni los pies, ni la cabeza.
Confieso, que siempre tienen
Los Pintores, y Poetas
El poder, y la osadìa
De entrar en qualquiera empressa.
Esto mui bien lo sabemos,
Y pedimos se conceda
A nosotros, y les damos.
A todos justa licencia.
Mas no, para que se junten
La dulzura, y aspereza,
Se acompañen sierpes, y aves,
Los corderos, y las fieras.

Muchas veces à principios
Graves, y grandes promesas
Se echan uno, ò dos remiendos
De grana, que resplandezcan.
Como quando se pintàra
Tratando de otra materia,
El sagrado espeso bosque
De Diana, y la ara excelsa,
O los ambitos del agua,
Que fertiliza la tierra,
O el Rin caudaloso, ò el arco
Llovioso se describiera.
Mas no viene al caso ahora,
Y como aquel Pintor muestra,
Que de pintar un Ciprès
Solo acaso tiene ciencia;
¿Por què tu, que apenas sabes
Pintar un Ciprès, ideas
El descifrar un naufragio
Al que te dà sus monedas?

¿Si el Ollero un grande vaso
Comenzò à hacer en la rueda
Que corre, porquè saliò
Una vasija pequeña?
Finalmente ha de ser simple,
Y una sola cosa aquella
Que quieres tratar de suerte,
Que guarde correspondencia.

O Padre, y mancebos dignos
De tal Padre, la apariencia
De lo bueno nos engaña
A los mas de los Poetas.
Procuro la brevedad,
Y quedo en puras tinieblas,
Al que sigue estilo culto
Le falta el brio, y las fuerzas;
El que trata cosas grandes
Se llega à hinchar, el que ostenta
Seguridad, y el medroso
De tempestad van por tierra.
El que prodigiosamente
Algo variar desea
Pinta un Javalì en las aguas,
Y algun Delfin en las Selvas.
Pues por huir de una culpa
En otro vicio tropieza
De continuo, quien carece
Del arte, que es quien govierna.

Un infimo Estatuario,
Que tenia abierta cerca
De la esgrima de la calle
Emilia, Oficina, ò Tienda,

Sacarà al vivo las uñas,
Imitarà con destreza
Los cabellos de una Estatua
De sòlido metal hecha;
Pero la suma de la obra
Serà infeliz, è imperfecta,
Porque ignora hacerlo todo,
Y de una parte es su ciencia.
Yo no quisiera ser este
Oficial, que aqui se expresa,
Si pretendiera escribir
De alguna idèa propuesta;
Y no querria mas sèr
Como este, que si tuviera
Ojos, y cabellos negros,
Y con una nariz fea.

Los que sois compositores
Tomad asunto, que sea
Acomodado al ingenio,
Y conforme, à vuestras fuerzas.
Explorad con madurez,
Y meditad con prudencia
Lo que el ingenio rehusa,
Y lo que alcanza la vena.
Pues al que escogiere asunto,
Que su luz alcanzar pueda,
No le faltarà elegancia,
Ni methodica eloquencia.
Esta serà, ò yo me engaño,
La hermosura, y excelencia
Del modo, y orden, que debe
Seguirse en qualquier poema.

El compositor de versos
Tratando de su materia
Debe escribir lo preciso,
Y no todo lo profiera,
Algo à mejor tiempo omita,
Y à otra ocasion lo difiera,
Ya sea, que escoja esto,
Y ya que aquello remueva.

Serà tambien delicado,
Y circunspecto el Poeta
En el sembrar las palabras,
Para que las coja nuevas,
Diràs bien , si à la palabra
Antigua, porque està anexa
A otra artificiosamente,
Haces de nuevo compuesta;
Y si acaso es necesario
Mostrar con recientes señas
Las cosas, que estàn ocultas,
Y en ellas mismas se encierran,
Serà licito inventar
Palabras de nueva idèa,
Que no oyeron los antiguos
Cethègos, en sus contiendas.
Y en el caso de inventar
Estas palabras modernas
Se darà, si se tomare,
Moderada la licencia.
Las palabras inventadas,
Y nuevas tendràn creencia,
Si en algo se derivaren
De la fuente de la Grecia.
Si le diò à Cecilio, y Plauto

El Romano esta licencia, .
Podrà negarla à Virgilio,
Y à Vario por sus poemas?
Pues por què he de ser odiado,
Si puedo ampliar mi lengua
Con algunas pocas voces
Recientemente dispuestas;
Quando enriqueciò Caton,
Y Ennio con su lengua amena
La Latina, è inventar pudo
Vocablos de cosas nuevas.
Fuè licito, y serà siempre
Sacar vocablos, que sean
Conformes à la costumbre,
Y al uso, que se presenta.
Como muda qualquier arbol
Nuevas hojas en las selvas
Todos los años, que corren,
Y se agostan las primeras:
Asimismo las palabras,
Que en la antigüedad se expresan
Se acaban, y las presentes
Tienen de Jovenes fuerza.
Nosotros pues, que vivimos,
Y todas las cosas nuestras
Le debemos à la muerte
Pagar la forzosa deuda;
Ora, que Neptuno inunde
El puerto de Julio Cesar,
En que se abriguen las Flotas,
Y de vientos se defiendan,
Ora la esteril laguna,
Y apta à navegar mantenga
Las Ciudades comarcanas,

Y el pesado arado sienta,
O que el Tibre caudaloso
Mostrandole mejor senda
Mude su curso nocivo
A las mieses, y à las eras:
Si los hechos de los hombres
Todos mueren, y se truecan,
Quanto mas en las palabras
Caerà el honor, y belleza.
Muchas palabras, que ya
Perecieron, y no suenan
Volveràn à renacer,
Y cobraràn vida nueva,
Y por el contrario algunas,
Que aora con honor se aprecian,
Y estàn en estimacion,
Llegaràn à decadencia,
Si la costumbre de hablar,
Y el uso lo admita, y quiera,
El que tiene en las palabras
El poder, arbitrio, y regla.
Mostrò Homero, que en heroico
Metro se escriban las bellas
Acciones de Capitanes,
De Reyes, y tristes guerras.

Al principio se cantaron
Casos tristes, y querellas
En elegiacos Versos,
Que desiguales alternan.
Despues conforme al deseo,
Y al animo le parezca,
Se introduxeron en cosas
De prosperidad, y fiesta.

9

Pero quien fuè el inventor
De estos Versos, es contienda,
Que los Grammaticos tienen,
Y el litis pendiente queda.
Archiloco inventò el Jambo
Armado de ira violenta
Verso en Comedias corriente,
Y tambien en las Tragedias,
Para Dialogos apto,
Y con suavidad sujeta
El ruìdo del Pueblo, y proprio
A cosas en accion puestas.

La Musa concediò al verso
Lirico, que cantar puedan
A los Dioses, y à los que
De ser sus siervos se precian,
Al vencedor en la lucha,
Y al caballo, que en carrera
Mas ligero, y veloz fuere
El primero en la contienda,
Los amorosos cuidados.
Que à todos los mozos cercan,
Y los vinos, que se beben
Con libertad en las mesas.

Si yo no puedo, ni sè
Guardar la hermosura, y reglas,
Y variedad de las obras,
Porquè me llaman Poeta?
Porque causa tengo yo
De aprender algo verguenza,
Y no la llego à tener
De ignorarlo con torpeza?

La Comedia no permite,
Por ser baxa su materia,
Ser expuesta, y declarada
Con Versos de la Tragedia;
Y la Tragedia tambien
No se digna, y se desdeña
Tratarse con Versos baxos,
Y dignos de la Comedia.
Cada cosa ocupe el sitio,
Que le toca con decencia,
Aunque levanta la voz
Alguna vez la Comedia,
Y Cremes airado riñe,
Y grita con voz sobervia,
Y el Tragico algunas vezes
Humildemente se quexa,
Representado Pelèo,
Y Telepho en sus Tragedias
Ambos llenos, y oprimidos
Del destierro, y de pobreza,
No deben decir palabras
Imperiosas, y altaneras,
Si el corazon del que mira
Quieren mover con su quexa.

No basta, que sea hermoso,
Si tambien dulce el Poema,
Y que mueva el interior
Del oyente à donde quiera.
Como el semblante del hombre
Al que se rie se muestra
Apacible, y al que llora
Lloroso se manifiesta:

Si quieres, que llore, debes
Derramar lagrymas tiernas
Primero, y tus infortunios
Entonces me daràn pena.
Tu, que à Telepho, y Pelèo
Tan improprio representas,
Si hablas mal en lo encargado
Mi sueño, ò mi mofa esperas.
Palabras tristes convienen
Al rostro, que dolor muestra,
Y al semblante, que està airado
Palabras de enojo llenas,
Al chocarrero, que burla,
Las amorosas, y tiernas,
Y al severo, y mesurado
Las prudentes, y las serias.
A todo el habito pues
De las pasiones, que alteran,
Nos instruye interiormente
Primero naturaleza,
Porque, ò nos causa alegrìa,
O gravemente nos lleva
A la ira, ò nos deprime
Hasta el suelo con tristeza:
Despues las alteraciones
Del animo, y sus violencias
Saca à fuera, y las declara,
Siendo interprete la lengua.
Si fuere à la condicion
Del que dice, ò representa.
Disonante la palabra,
O de su persona agena,
El Caballero Romano,
Y toda gente plebeya

Soltaràn la carcajada
En demonstracion burlesca.
Entre el amo, y el criado
Ay una gran diferencia.
Quando se introducen ambos
Para hablar sobre la Scena;
O si es viejo venerable,
O mozo en su edad amena,
O si es muger principal,
O si es oficiosa Dueña:
O si es algun Comerciante,
Que corre por mar, y tierra,
Hortelano; ò Labrador,
Que cultiva alguna Huerta:
O si es de Colcos, ò Asirio,
Criado en Argos, ò en Thebas,
Debe cada qual hablar
Segun su naturaleza.

O sigue, escritor, la fama,
De lo que al oìdo llega,
O finge por tu invencion
Cosas, que entre si convengan.
Si acaso pintas à Achiles
Fuerte Principe de Grecia
Sea iracundo, inexorable,
Cruel, y pronto en sus empresas,
Niegue, que para èl ay leyes,
Ni razon, que le convenza,
Y juzgue, que todo el mundo
A sus armas se sujeta.
Si à Medea describieres
Pintala invencible, y fiera;
A Ino en llanto desatada,

13

Y lamentable en sus penas.
Sea perfido Ixiòn
Io vagante, y parezca
Orestes con gran congoxa,
Y con aguda tristeza.

Si alguna cosa no vista
Introduces en la Scena,
Y te atreves à poner
Alguna persona nueva,
No discrepe un solo punto,
Guardese, y la misma sea
Desde el principio hasta el fin,
Fixa, y constante aparezca.
Dificultoso es decir
Con propriedad, y excelencia
Comunes cosas de modo,
Que parezcan proprias vuestras.
Mejor el Verso de Homero
Sacaràs en la Comedia,
Que cosas de nadie dichas,
No conocidas, y nuevas.
La materia ya tratada,
Y que publica se cuenta
Haràs tuya, si no hablares
Lo mismo, que el otro expresa;
Ni como Interprete fiel
Cuidaràs con diligencia
Sea palabra por palabra
Lo que traduzcas, ò viertas:
Ni imitando en un estrecho
Dès de donde la vergüenza,
O Ley de la Obra te estorve
El paso, y salir no puedas:

Ni empiezes como otro tiempo
Hizo un charlatan Poeta:
De Priamo el infortunio
Cantarè, y famosa guerra:
Que podrà decir despues
Este, que al principio llega
A prometer cosa digna
De su jactancia, y sobervia?
Pariràn los Montes, y esto
Serà lo que Isopo cuenta,
Pero un Raton despreciable
Es el parto, que se espera.
Quanto mejor hizo Homero,
Que con su vena discreta
Nada intenta neciamente,
Y empezò de esta manera:
Dime, Musa, el Varon, que
Despues de Troya sugeta
Viò las costumbres de muchos,
Y caminò muchas tierras.
En esto, que escribiò Homero
No es su pretension, ni piensa
Sacar humo de la luz,
Sino luz de las tinieblas.
Para sacar de aqui cosas
Marabillosas, y bellas,
A Antiphates, Poliphèmo,
Scyla, y Carybdis horrendas;
Ni empieza tan de su origen,
Que de Diomedes la buelta
Escriba desde la muerte
De Meleagro funesta;
Ni comienza la famosa

Guerra de Troya sangrienta
Del parto, que saliò à luz
De los dos huevos de Leda;
Siempre se acerca al suceso,
Y al oyente mueve, y lleva
A la mitad de la Historia,
Como si sabida fuera;
Y demàs de esto las cosas,
Que desconfia, que puedan
Tratadas resplandecer,
Todas las omite, y dexa:
Y asi finge, y mezcla cosas
Falsas con las verdaderas,
Mas no el medio del principio,
Y el fin del medio difieran.

Oye lo que yo deseo,
Y conmigo lo desea
El Pueblo, si necesitas
De quien aplaudirte quiera,
Permaneciendo hasta que
Se eche el telon, que se cuelga
Entre el patio, y el Teatro,
Y que uno, y otro hermosea,
Y estè sentado hasta tanto,
Que el Cantor de la Comedia
Diga: yà se acabò el acto;
Dad aplauso, y hazed fiesta:
Debes notar las costumbres
De qualquiera edad, que sea,
Dàr decòro a los movibles
Años, y naturalezas.

El Niño, que sabe bablar,

Y yà entiende dàr respuesta,
Gusta de andar por las calles,
Y con sus iguales juega:
El se enoja sin motivo,
Se desenoja, y sosiega,
Y en cada instante se muda
Por su pueril ligereza.

El Joven, que està sin Ayo
A Caballo se pasea,
Sale à caza, y en el campo
Anda, se divierte, y huelga;
Propenso à qualquiera vicio,
Como si fuese de cera,
A quien lo amonesta duro,
Tardo al bien, y con pereza,
Es gastador del dinero,
Codicioso, y con sobervia,
Y pronto à dexar lo amado,
Porque no tiene firmeza.

El animo, que es viril,
Y edad de la consistencia
Mudados los gustos, busca
Amistades, y riquezas,
Aspira ambiciosamente
Al honor, y se recela
De hazer cosa, que despues
Cuide hazer de otra manera.

Mucha pena cerca al Viejo,
O porque busca riquezas,
Y mezquino reusa, y teme
El gastarlas, y usar de ellas,

O porque timidamente,
Y floxamente gobierna
Sus cosas, dilatador
De quanto trata, y maneja,
Vida larga espera, floxo,
Y que con ansia desea
Lo venidero, intratable,
Y que siempre se lamenta,
El alaba su puericia
Por la mejor, y mas recta,
Censor, y Juez, que à los Mozos
Los castiga, y los aprieta.

Los años, que vàn creciendo,
Mucho bien, y gusto encierran,
Y mucho quitan tambien
Los que van en decadencia;
Pues la condicion, que es propria
Del viejo, al Joven se niega,
Y no se dà la del hombre
Al Niño por ser agena;
Siempre tendrèmos cuidado
En considerar aquellas
Cosas, que se describieren
Segun à la edad convengan.

O se trata alguna cosa
Representada en la Scena,
O tratada de palabra
Al Auditorio se cuenta.
Menos los ànimos mueve
La cosa oìda, que aquella,
Que miran los fieles ojos,
Y si el que vè las contempla:

Mas con todo tù no debes
Representar en la Scena
Lo que es digno de ser hecho
Allà dentro, y no en presencia,
Y quitaràs muchas cosas
De la vista por horrendas,
Que despues con elegancia
Algun Aclor las refiera:
Ni despedace delante
Del Pueblo la cruel Medèa
Sus hijos, ni el fiero Atrèo
Los miembros humanos cueza:
Ni la vengativa Progne
En Golondrina se buelva,
Ni en escamosa Serpiente
Cadmo triste se convierta.
Tèn sabido, que aborrezco,
Y no llega à mi creencia
Todo quanto de este modo
Me muestras, y representas.

Ni mas, ni menos, que cinco
Actos, tenga la Comedia,
Si quiere otra vez pedirse,
Y vista al Taeatro buelva.
Ni entre algun Dios, sino huviere
Dificultad tan estrecha,
Que sea digna de que
Su favor desate, y venza:
No hable mucho la Persona,
Que la quarta se numera,
Por quitar, que à un mismo tiempo
Hablen muchas en la Scena.

Alabe el Coro las vezes
Del Actor, y las defienda,
Y el Oficio, que cada uno
Hace en lo que representa.
Nada en medio de los Actos
Cante el Coro, que no sea
Tocante à lo que se trata,
Quadre bien, y enlaze tenga:
Dè consejo à los amigos,
Y à los buenos favorezca
Uno, y temple à los ayrados,
Y à los inculpables quiera:
Otro alabe los manjares
De una moderada mesa,
Otro la recta Justicia,
Las Leyes, y paz serena:
Otro, que guarde el secreto,
Y ruegue à Dios el que buelva
La fortuna à los humildes,
Y à los sobervios no venga: .

No era en lo antiguo la Flauta,
Como aora se manifiesta,
Guarnecida de latòn,
Y que imita à la Trompeta;
Constaba de pocos puntos,
Sin guarnicion, y pequeña,
Y para ayudar al Coro
Era provechosa, y buena,
Y à llenar con su sonido
De la corta concurrencia
Los asientos, que tenìan
Poca gente, que asistiera;
Adonde el poco concurso

Del Pueblo, que facil era
De contarse por pequeño,
Se juntaba con frequencia,
Dotado de gran virtud,
Y religiosa modestia,
De una verguenza loable,
Y de qualidad honesta.
Mas despues, que vencedor
Comenzò à ampliar sus tierras,
Y à cercar con mayor muro
La Ciudad por mas extensa,
Y à hacer obsequio à el Dios Genio
Con el Vino, que en las mesas
Se gastaba cada dia
Con libertad en las fiestas,
Llegò à tenerse en los cantos,
Y rihtmos dè la Comedia,
Mas disolucion, y vicio,
Desemboltura, y licencia;
Què podìa el Pueblo indocto
Saber de cosas honestas,
Y el que estaba ocioso, y libre
De trabajos, y molestias?
Con el rustico el urbano
Mezclados sin diferencia,
Con el infame, el honrado
Sentados en la Platèa?
Assi el Musico añadiò
Al Arte antigua, diversas
Superfluidades, y ornatos,
Y acciones menos compuestas,
Y exercièndo libremente
Su oficio de tierra en tierra,
Arrastrò el talar vestido

Por Teatros de Comedias.
Assi tambien se aumentaron,
Y crecieron en las cuerdas
Las voces, y contrabajos
De las Citaras severas,
Y de Rethorica hallò
Nuevos modos la eloquencia,
Adquirida en breve tiempo,
Immoderada, y ligera,
Y aquella sentencia, que antes
Prudentemente propuesta
Presagiaba, y advertìa
Cosas ùtiles, y honestas;
Despues èsta pronunciada,
Como en Delphos sin certeza;
Era dudosa, y obscura,
Y de la verdad agena.

El que por el corto premio
De un Cabrio hizo Tragedias,
A los Satiros desnudos
Introduxo luego en ellas,
Y guardando gravedad,
Que es propria de la materia,
Fuè inventor de los donaires,
Para diversion, y fiesta:
Porque el oyente estuviesse
Divertido en la Tragedia
Gpn las alhagueñas gracias,
Y la novedad, que alegra;
Habiendo comido yà
Del sacrificio en las mesas,
Y habiendo tambien bebido
Sin tassa, medida, ò regla.

Mas convendrà introducir,
Y alabar de tal manera
Los Satiros decidores,
Y Bufones, que diviertan,
Y de tal suerte mezclar
En el tragico Poema
Con el juego, y con la burla
Las cosas graves, y sérias,
Que el que hizo papel de Dios,
O personage de cuenta,
Un poco antes adornado
De oro, y de purpura regia,
No pase con baxo estilo
Luego à hablar, como si fuera
Algun Satiro, ò criado
Entre la gente plebeya;
Ni, ò quando quiere evitar
Del estilo la baxeza,
Se remonte hasta las nubes,
Y hinchado se desvanezca.
La Tragedia, que no debe
Pronunciar versos, que sean
Sin peso, y sin gravedad,
E indignos de su materia,
Qual Matrona, que es mandada
Bailar los dias de fiesta
Con los Satiros, lo harà
Rara vez, y con verguenza.

Si yo escribiere, ò Pisones,
Satiros en la Tragedia,
No solo dirè palabras
Sin adorno, ni decencia,
Mas ni assi me apartarè

Del estilo deTragedia,
Y de su ornato, de suerte.
Que no haya diferencia,
Si habla Davo, ò la atrevida
Pithias, muger desembuelta,
Que à Simòn quitò el talento
Con arte, y con fraudulencia,
O Sileno, que de Baco
Fuè siervo fiel, y defensa,
Entre Satiros persona
Conocida, y manifiesta.
De lo comun, y notorio
A muchos, harè el Poema,
Que piense por ser tan facil,
Que puede hacerlo qualquiera,
Cuestele mucho sudor
Al que se atreve à esta empressa,
Y trabaje en vano, como
Lo verà por la experiencia:
Tal es el orden, y enlaze
De las palabras, que suenan,
Y tanto honor á las cosas
Comunes se dá, y se llega.

Todo Satiro sacado
De las Montañas, y Selvas,
Guardese, siendo yo el Juez,
De decir canciones tiernas;
Como nacido en las calles
De la Ciudad mas egregia,
O como Joven alegre,
Y de una cultura atenta;
Ni diga injuriosos dichos,
Ni palabras desembueltas,

Porque hidalgos, Senadores,
Y hombres ricos no se ofendan;
Pues no lo escuchan con gusto,
Ni lo aprueban, ni lo premian,
Aunque el que compra Garvanzos,
Y Avellanas lo celebra.

Una Silaba, que es larga,
Despues de una breve puesta
Se llama Jambo, y es pie,
Que corre con ligereza:
De aquì fuè ocasion, que el Verso
Jambico trìmetro tenga
Siendo Senario este nombre,
Y de seis mensuras sea,
Iguales desde el principio
Hasta el fin, y de manera
Que los seis pies sean Jambos,
Y ningun otro intervenga;
Por ser este mas pausado
En su proprio lugar lleva,
Y admite bien Espondeos,
Que tardos, y largos suenan;
Para que el Jambo, y no ha mucho,
Con pronunciacion mas lenta,
Y un poco mas espaciosa
A los oìdos corriera,
Este pues se llama puro,
Y si mixto se numera.
En lugar segundo, y quarto
El Espondèo no entra:
En los trìmetros famosos
De Accio, y Ennio no se encuentra,
Sino rara vez el Jambo,

Como en sus obras se muestra.
Decir Versos abundantes
De Espondèos en la Scena,
Carga, y acusa à su autor
De una culpa grave, y fea,
O pone poco cuidado,
O trabajo en sus tareas,
O llega à ignorar de la arte
Los preceptos, y las reglas;
Dirà alguno, que no todos,
Juzgan los malos poemas,
Y à los Romanos se diò
Sin razon esta licencia;
¿Y por eso andarè yo
Descuidado, y sin cautela,
Y escribirè à mi alvedrìo
Lo que licencioso quiera?
O por ventura harè juicio
Seguramente, que velan
Todos en mirar mis faltas
Sin perdonar una de ellas?
Finalmente si evitè
El yerro, que es una afrenta,
No por eso he merecido
Premio, y alabanza eterna.
Revolved los exemplares,
O Pisones de la Grecia,
Y sea de noche, y dia
Continua vuestra leyenda:
Mas nuestros antepasados
Alabaron con gran flema,
Por no decir neciamente,
De Plauto la Musa bella,
Puestos en admiracion

De sus metricas cadencias,
Y los Jocosos donaires,
Y sales, que en el se encuentran:
Si es verdad, que vos, y yo
Sabemos la diferencia,
Que tiene el dicho inurbano,
Y la palabra discreta,
Y entendemos de los Versos
La harmonìa verdadera,
Que con los dedos, y oìdo
Como Musica se ordenan.

Se dice, que inventò Tespis
El genero de Tragedia
Hasta allì incognito, y que
Llevò en carros sus Poemas,
Para cantarse, y hacerse
Por los Actores cubiertas
Sus caras, y disfrazadas
Con la untura de hezes negras.
Siguiose Eschilo inventor
De la Mascara, y la honesta
Vestidura, y los Tablados
Hizo con poca materia:
Y enseñò a hablar cosas grandes,
Como de Personas regias
Con alto estilo, y à usar
De coturno en la Tragedia.
Despues vino, y sucediò
A estos la antigua Comedia,
No sin copiosa alabanza,
Y con gloria no pequeña;
Mas la libertad en vicio
Vino à dar, y en violencia

Digna de ser reformada
Por alguna ley severa:
La ley se aceptò, y el coro
Callò lleno de vergüenza,
Viendo, que yà no podia
Dañar con maledicencia.

Ninguna cosa dexaron
De intentar nuestros Poetas,
Y han merecido no poco
Honor, y alabanza excelsa,
Pues intrepidos osaron
Dexar las pisadas Griegas,
Y celebrar de su Patria
Los hechos, y horribles guerras,
O los que entraron Personas
Vestidas de las pretextas,
Gente noble, ò las Togadas,
Que era la gente plebeya:
Ni la Italia huviera sido
Mas poderosa, y mas diestra
En el valor, ò en las armas,
Que en la brillante eloquencia,
Si se huvieran detenido
Para limar los Poetas
Sus obras, y no tan presto
Publicarlas, y extenderlas.
O Pisones, real linage,
Reprehended el poema,
Que mucho tiempo, y borrones
No lo corrigen, y enmiendan,
Y que se buelva à limar
Diez vezes para que sea
Tan perfecto, como la obra,

Que con las uñas se asienta.

Porque Democrito cree,
Que ingenio, ò naturaleza
Es mas dichoso, que la arte
Misera, pobre, y molesta,
Y excluye del Helicon
A los juiciosos Poetas,
Por esso muchos no cortan
Las uñas, y no se afeitan,
Buscan lugares ocultos,
No se bañan, ni se asean,
Y con esto alcanzaran
Fama, y nombre de Poetas
Si al Barbero no entregaren
Una incurable cabeza,
Con quanto Heleboro crian
Tres Anticiras enteras.
O! desdichado de mì,
Que del humor, que en mì reina,
Que es la colera, me purgo
En todas las Primaveras!
Que ninguno como yo
Mejores Versos hiciera;
Pero en mas estimo, que
Por hombre cuerdo me tengan.
Como piedra de amolar
En esto serè, que si ella
No puede cortar el hierro,
Le dà el filo si se amuela:
Asi yo nada escribiendo,
Enseñarè, y darè muestras
De la obligacion, y cargo
De escribir, y darè reglas:

Mostrarè como, y de donde
Puedan buscarse riquezas,
Que es lo que pula, è instruya,
Y perfeccione al Poeta,
Que cosa convenga hacer,
Y que cosa no convenga,
Adonde el arte nos guia,
O su ignorancia nos lleva.

El principio, y el origen
De escribir bien es la ciencia,
Los Dialogos de Platon
Te dàn copiosa materia,
Y al concepto, que es bien visto
Se sigue por consequencia,
No le faltaràn palabras
Eloquentes, y selectas.
A la verdad aquel sabe
Con propriedad, y destreza
Dàr a qualquiera persona
Lo que es suyo, y le convenga,
Que aprendiò, y llegò à saber
Con alguna inteligencia,
Què à la Patria, à los amigos
Què amor à los Padres deba,
Còmo hà de amar al hermano
Por ley de naturaleza,
Y al forastero tambien,
Con quanta benevolencia,
Què es el Oficio del Juez,
Y la obligacion estrecha
Del que es Senador, y el cargo
Del Capitan en la guerra.
Al Docto Compositor

Yo le encargarè, que atienda
De la vida, y las costumbres.
El exemplar, y la idea,
Para que de este principio,
Y de este dechado pueda
Imitar palabras vivas,
Y razones verdaderas.
Una fabula tal vez
Adornada de sentencias,
Que expresa bien las costumbres,
Sin arte, gracia, y grandeza,
Mas bien entretiene al pueblo,
Y mucho mas lo deleita,
Que unos Versos sin substancia,
Y sonoras chanzonetas.

A los Griegos diò la Musa
Grande ingenio, y eloquencia,
Y à excepcion de la alabanza
Ninguna cosa desean:
Los niños de Roma aprenden
A partir con largas cuentas
Un As en cien partes, que
De doce onzas se numera.
Responda el hijo de Albino,
Gran Maestro en esta Ciencia,
Si se llega à quitar una
De cinco onzas, quantas quedan?
El dice, que quedan quatro:
O que respuesta tan bella!
Y con esto bien podràs
Por cierto guardar tu hacienda:
Pero supongamos, que
Una à las cinco se aumenta,

Quantas las onzas seràn?
El responde, que seis restan.
Quando corrompe una vez
El corazon, y en èl entra
La avaricia, como orin,
Y el cuidado de la hacienda,
Se tendrà alguna esperanza
De que se escriban poemas,
Que en Cedro eterno, ò Ciprès
Pulido guardarse puedan?

O quieren aprovechar,
O deleytar los Poetas,
O decir lo que à la vida
Junto agrada, y aprovecha.
Sè breve en lo que mandares,
Para que docil lo entienda
El animo, y dicho en breve
Fiel en memoria lo tenga.
Todo aquello, que redunda
En los dichos, y sentencias,
Procede de la abundancia,
Que el entendimiento encierra.
Las cosas, que se inventaren,
Por deleyte, ò complacencia,
Se deben asemejar
A las que son verdaderas:
Ni por esta razon pida
La fabula, ni se atreva
A que, à todo quanto quiere,
Se de asenso, y se le crea:
Ni le saque el niño vivo
De su vientre à la Hechizera
Despues, que ella lo tragò,

Pues no es cosa de creencia.
Todo anciano las poesias,
Que son futiles, desprecia,
El Caballero, y el Joven
No gustan de las austeras.
Quien mezclò la cosa dulce
Junto con la cosa honesta,
Tocò el punto del acierto,
Y la ventaja se lleva;
Pues tiene atento al lector,
Lo entretiene, y lo deleyta,
Y con sus bellos conceptos
Juntamente lo amonesta.
Este libro pone rico
Al Librero, y tiene venta:
Pasa la Mar, y à su Autor
Le dà vida, y fama eterna.

No obstante en las poesias
Algunos yerros se encuentran,
A que conviene, y queremos,
Que el perdon se les conceda:
Porque alguna vez sucede
No dàr sonido la cuerda,
Que la mano, y voluntad,
Del Citharedo desean;
Y muchas veces tambien
Por sonar el baxo, suena
El tiple, y no siempre el arco,
Que apunta, en el blanco acierta.
Pero quando ay muchas cosas,
Que en el Verso resplandezcan,
No harè reparo en los yerros,
Y faltas, que son pequeñas,

Las que causò la desidia,
El descuido, ò negligencia,
O las que evitar no supo
La humana naturaleza.
Que dirè en fin? que el que escribe,
Si avisado siempre yerra
En lo mismo, se hace digno
De que de perdon carezca,
Y asi como el Citharedo
Es burlado, si tropieza,
Quando el instrumento toca,
Siempre en una misma cuerda;
Del mismo modo a Cherilo
parece el que mucho yerra,
De quien me admiro, si tres,
O quatro veces acierta;
Y siento que el buen Homero
Duerma en su Iliada bella,
Mas en obra dilatada
Quien havrà, que no se duerma?

Es la Poesia como
La pintura, y se asemeja,
Que una agrada mas de lexos,.
Y otra gusta mas de cerca:
Una requiere lo obscuro,
Otra lo claro desea,
La que no teme del Juez
El ingenio, y la agudeza:
Esta otra vista una vez
El buen gusto lisongea,
Otra vista hasta diez veces
Siempre causa complacencia.

O! el mayor de los Pisones!
Tèn esta razon impresa,
Aunque tienes por tu padre,
Y por ti esta inteligencia:
Que algunas cosas admiten
Bien un medio, y se tolera,
Y pueden estas pasar
Con que razonables sean.
Un Abogado mediano
En doctrina no descuella,
Ni un razonable Orador
Tiene tan grande eloquencia,
Como Mesala, y Caselio
Aulo, que en jurisprudencia,
Y en la oratoria eran Sabios,
Mas no obstante los aprecian.
Pero ni los Dioses, ni hombres,
Ni aun las Columnas aprueban,
En que se fixan los Versos,
Ser medianos los Poetas.
Como una Musica mala
En un combite molesta,
Y un mal olor, y la miel
Amarga, y adormidera;
Porque se pudiera bien
Tener, y pasar la cena
Sin estas cosas, que son
Tan desabridas, y acerbas;
Asi pues la Poesìa,
Que fuè inventada, y dispuesta
Para alivio de los hombres,
Y alegrìa en sus tristezas,
Si algun tanto se apartò
De ser buena, y ser perfecta,

A lo ìnfimo, y mas baxo
Và corriendo, y se desprecia.
El que no sabe de lucha,
De esgrima, salto, ò carrera,
Ni en tal cosa se exercita,
Del campo Marcio se alexa:
Y el que no llega à saber,
Ni ha tenido inteligencia
De pelota, barra, ò truco,
Està mirando, y no juega,
Porque no suelten la risa
Los que asisten à esta fiesta;
No obstante se atreve à hacer
Versos, quien no tiene Ciencia.
Mas porque no un hombre noble,
Que està, porque tiene hacienda,
Puesto en la Censura equestre,
Y que todo vicio ahuyenta?

Tu tienes, ò Mayorazgo,
Tal acuerdo, y tal prudencia,
Que no haràs, ni diràs cosa
Sin asenso de Minerva;
Y si en algùn tiempo acaso
Escribieres algo, venga
A los oìdos de Mecio,
Y à su critica severa,
Y à los de tu Padre, y mios,
Y antes de que salga afuera
Se detenga muchos años
En casa para la emmienda,
Podràn tacharse las faltas,
Que en los pergaminos tenga
Lo que no se diere à luz,

Pues adentro se conserva,
Porque no sabe bolver
La palabra, ò la sentencia,
Que saliendo de la boca
Pronunciò una vez la lengua.

El hijo de Apolo Orfèo,
Y de Caliope bella,
Interprete de los Dioses,
Y diestro en pulsar las cuerdas,
Apartò de fieras muertes,
Y de comidas groseras
A los hombres, que vivian
Como brutos en las selvas;
Por esta accion admirable
Se dixo por cosa cierta,
Que de Tigres, y Leones
Mitigaba la fiereza.
Tambien dicen, que Anfiòn,
Que fuè Fundador de Tebas,
Moviò con el son suave
De su Cytara las piedras,
Y con su ruego amoroso,
Y persuasiva eloquencia
De sus Versos las llevò
Dulcemente à donde quiera.
Fuè antiguamente esta noble
Sabiduria discreta
Hacer entre lo privado,
Y publico diferencia,
Separar de lo profano
Lo que sagrado se ostenta,
Y prohibir los vagantes
Concubitos de torpeza;

Dàr Leyes à los casados,
Fundar pueblos, poner ciertas
Leyes escritas en tablas
Permanentes de madera.
De estas gloriosas acciones
Consiguieron fama eterna,
Nombre, y honor los divinos
Poetas, y sus poemas.
Despues de estos dos, el grande
Homero, y Tyrtèo de Athenas
Moviò los animos fuertes
Con sus Versos à las guerras.
Dieron en verso tambien
Los Oraculos respuesta,
Y de vivir rectamente
Se enseñò, y mostrò la senda,
Con el se ganò la gracia
De los Reyes, y la fiesta
Para el animo se hallò,
Y el fin de largas tareas.
Esto digo, porque acaso
No tengas por indecencia
Ser otro Apolo, y hacer
Versos con la Musa diestra.

Siempre se ha hecho la pregunta,
Si el verso se forme, y sea
Numeroso con el arte,
O con la naturaleza?
Y yo no veo, ni sè
De que sirve, y que aprovecha
Un ingenio sin cultura,
Y estudio sin rica vena:
Tanto la una à la otra,

Doctrina, y naturaleza
Se favorece, y consienten
En una amistad estrecha.
Quien solicita llegar
Con honor, y con presteza
Al termino deseado
En la Olìmpica carrerar
Hizo, y sufriò muchas cosas,
Aun siendo de edad pequeña,
Sudò, y elose, y se abstuvo
Del vino, y de la torpeza.
El que và à cantar de Apolo
A los aplausos, y fiestas,
Primero aprendiò, y temiò
Al Maestro, que lo enseña:
Aora pues en estos tiempos
Es bastante, que profiera
Qualquier Romano, yo escribo
Maravillosos Poemas.
Sea ruin el postrero;
Pues tengo por cosa fea
Quedarme atras, y que todos
Me aventajen, y me excedan,
Y cierto, que es caso torpe
Confesar no tener ciencia
De lo que yo no aprendì,
Y negar, que tengo vena.

Como llama el Pregonero
A la gente, y la congrega
A que compre las alhajas,
Que tiene puestas en venta;
Asi el Poeta que es rico
En Posesiones, y Haciendas,

Y que tiene puesto à logro
Mucho dinero, y riquezas,
Manda à los aduladores
Falsos, que lo lisongean,
Que acudan à la ganancia,
Y à lograr la recompensa:
Mas si es hombre, que les dè
Una suntuosa mesa,
Y sepa fiar en algo
Al que està en summa pobreza,
Y librar con su favor,
O con sus grandes riquezas
Al que se mira enredado
En litigiosas contiendas,
Serà un milagro, que el rico,
Y feliz sepa qual sea
Del amigo verdadero,
Y falso la diferencia,
Si tu has dado, ò quieres dàr
Algo à alguno, que no venga
Muy alegre, y obligado,
Para que tus Versos vea;
Pues levantarà la voz
Exclamando: què belleza
De Versos, que bien formados,
Con que gracia, y eloquencia,
Quedarà absorto al oirlos,
Bañarà en lagrymas tiernas
Sus ojos, y saltarà,
Darà golpes en la tierra.
Como aquel, que và alquilado
A los entierros, y exequias,
Que hace, y dice casi mas,
Que los dolientes de veras;

Asi el falso adulador
Se mueve con mas vehemencia,
Que aquel, que aplaude con vozes
De alabanza verdadera.

Es tradicion, que los Reyes
Con muchos vasos apremian,
Y con el vino suave
Hacen pruebas, y atormentan
Al que procuran saber,
Y experimentar desean,
Si es digno de su amistad,
Y de su benevolencia.
Si haces Versos, no te engañen
Con dolosa fraudulencia
Los animos, que estàn llenos
De astucias, y de cautelas.

Si alguna cosa à Quintilio
Dabas à que se leyera,
Esto, y aquello corrige,
Decia, y lo errado emmienda;
Si le negabas poder
Mejorarlos con la emmienda,
Despues de haver, pero en valde,
Repetido muchas pruebas,
Mandaba, que tu borràras
Los Versos, y corrigieras
Los que estaban mal limados,
Y que al yunque se volvieran.
Si querias defender
Tu yerro, mas que la emmienda,
No te hablaba mas, ni hacia
En vano mas diligencia,

Sino que tu solamente
Con tus versos te lo huvieras,
Y juntamente contigo
Sin alguna competencia.

El varon, que es de bondad,
Y de una sabia prudencia,
Los Versos, que estàn sin arte,
Reprehende, y vitupera,
Culpa los duros, y raya
Poniendo una señal negra
Con la pluma à los que estàn
Sin adorno, y sin belleza:
Corta el demasiado adorno:
Y à aquellos, que no se dexan
Entender, los facilita,
Para que mas bien se entiendan:
Lo dudoso en el sentido
Arguye, y no lo tolera,
Y lo que debe mudarse
Lo señala, nota, y muestra
Sea Aristarco, y no diga:
Como es posible, que ofenda,
Y dè disgusto à mi amigo
En unas burlas ligeras?
Estas burlas lo pondràn
En unas pesadas veras,
Mofado una vez del falso,
Y engañado con vileza.
Los Varones Sabios temen,
Y huyen del loco Poeta,
Como del que tiene sarna,
O la ictericia molesta;
O al fanatico, y furioso,

O al Lunatico, en quien reyna
Por influxo de la Luna
La iracundia, y la demencia:
Los muchachos lo persiguen,
Y los necios lo celebran:
Este mientras que sus Versos
Vomita ostentoso, y yerra,
Asi como el Cazador,
Que lleva la mira puesta
En las mirlas embobado
Cayò en un pozo, ò caverna:
Aunque este à los Ciudadanos,
Para que lo favorezcan,
Dè muchas vozes, y clame,
No havrà quien sacarle quiera;
Si alguno quiere ayudarle
Arrojandole una cuerda,
De donde se pueda asir,
Y con que se salga à fuera,
Què sabes, dirè, si el mismo
Se arrojò dentro à sabiendas,
Y no quiere, que ninguno
Le guarde, ni le defienda?
Yo referirè la muerte
De un Siciliano Poeta:
Empedocles ambicioso
De gloria, y de fama eterna,
Y de que lo reputàra
Por un Dios toda la tierra,
Melancolico, y furioso
Se echò en las llamas del Etna.
Concedase de barato,
Permitase en horabuena,
Pues que son incorregibles,

Que se pierdan los Poetas,
El que guarda al que no quiere
Guardarse, y morir desea,
Lo mismo harà con el que
Và à darle muerte sangrienta.
No hizo esto sola una vez,
Ni aunque mas lo reprehendan,
Y lo procuren sacar
Del yerro, que lo enagena,
No por eso querrà ser
Hombre de juicio, y prudencia,
Y cesarà del deseo
De una muerte infame, y fea.
Y no es facil de saber
Por que culpa tan horrenda
Ande este hombre haciendo Versos
Con tan perdida Cabeza:
Si fuè porque profanò
Con sacrilega demencia
Las cenizas de su Padre
En lugar Sagrado puestas;
O si moviò incestuoso,
O manchò con impureza
El Lugar, que tocò el rayo
Y yà Consagrado queda:
Furioso vá, y como el Oso,
Que se vè encerrado, quiebra
Los maderos de la Jaula,
Que le hacian resistencia,
Recitando sus locuras
Al Docto, è Indocto auyenta:
Y à quien asiò lo detiene,
Y mata con la leyenda,
Este tal, que và sin juicio

Es como la sanguijuela,
Que no suelta, ò dexa el cutis
Sino està de sangre llena.